PUEDO SALTAR

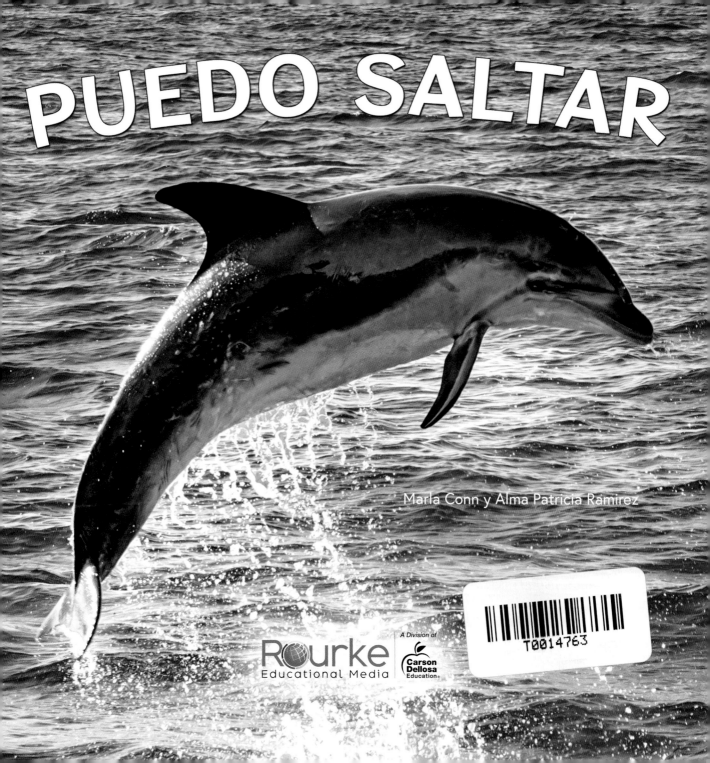

Marla Conn y Alma Patricia Ramirez

Rourke Educational Media

A Division of Carson Dellosa Education

Glosario de fotografías

 **delfín**

 **rana**

 **saltamontes**

canguro

conejo

araña

3

Un **canguro** puede saltar.

canguro

Una **rana** puede saltar.

rana

Un **delfín** puede saltar.

Un **saltamontes** puede saltar.

saltamontes

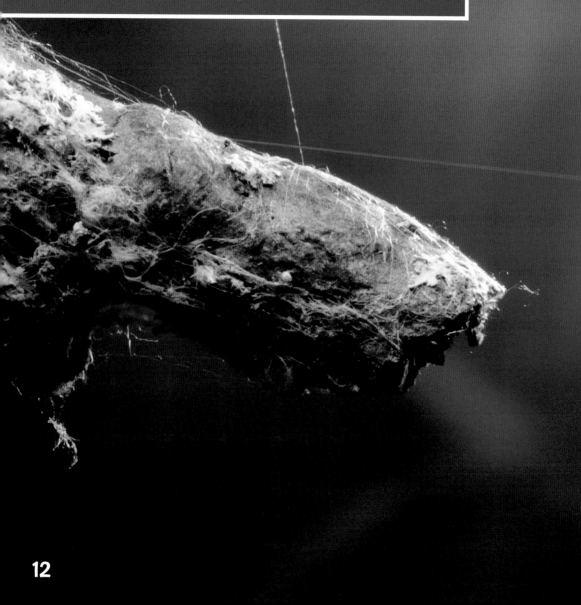

Una **araña** puede saltar.

araña

13

Un conejo puede saltar.

conejo

Actividad

1. Menciona todos los animales de la historia que pueden saltar.

2. Crea una tabla con la idea principal y los detalles en una hoja de papel.

Puedo saltar

3. Habla y registra en la tabla las relaciones de causa y efecto de por qué los animales saltan.
   - van de un lugar a otro
   - se alejan del peligro (presa)
   - atrapan comida (depredador)
   - juegan
   - se mueven más rápido

4. Escribe una oración acerca de uno de los animales de la historia. Haz un dibujo y compártelo.